Como muestra de gratitud por su compra,

visite www.editorialclie.info
y descargue gratis:

"Los 6 consejos de Jesús para vivir en plenitud hoy"

Código:
PLENITUD24

La integridad

SALMO PREFACIO

Salmo 1

C. H. Spurgeon

Editor Eliseo Vila

COLECCIÓN SALMOS

El Tesoro de David

EDITORIAL CLIE
C/ Ferrocarril, 8
08232 VILADECAVALLS
(Barcelona) ESPAÑA
E-mail: clie@clie.es
http://www.clie.es

© 2017 Eliseo Vila Vila para la presente versión ampliada.

Cualquier forma de reproducción, distribución, comunicación pública o transformación de esta obra solo puede ser realizada con la autorización de sus titulares, salvo excepción prevista por la ley. Diríjase a CEDRO (Centro Español de Derechos Reprográficos) si necesita fotocopiar o escanear algún fragmento de esta obra (www.conlicencia.com; 917 021 970 / 932 720 447).

© 2017 Editorial CLIE
Texto bíblico tomado de La Santa Biblia, Reina Valera Revisada® RVR®
Copyright © 2017 por HarperCollins Christian Publishing, Inc.®
Usado con permiso. Reservados todos los derechos en todo el mundo.
COLECCIÓN SALMOS

LA INTEGRIDAD
ISBN: 978-84-16845-66-8
Depósito legal: B 17848-2017
VIDA CRISTIANA
Crecimiento espiritual
Referencia: 225040

Impreso en USA / *Printed in USA*

SALMO 1
Reina Valera Revisada (RVR)

El justo y los pecadores

¹Bienaventurado el varón que no anduvo en consejo de malos,
Ni estuvo en camino de pecadores,
Ni en silla de escarnecedores se ha sentado;

²Sino que en la ley de Jehová está su delicia,
Y en su ley medita de día y de noche.

³Será como árbol plantado junto a corrientes de aguas,
Que da su fruto en su tiempo,
Y su hoja no cae;
Y todo lo que hace, prosperará.

⁴No así los malos,
Que son como el tamo que arrebata el viento.

⁵Por tanto, no se erguirán los malos en el juicio,
Ni los pecadores en la congregación de los justos.

⁶Porque Jehová conoce el camino de los justos;
Mas la senda de los malos conduce a la perdición.

1

Este salmo puede considerarse como SALMO PREFACIO,[1] ya que viene a ser un resumen del contenido completo de todo *Libro de los Salmos*.[2] El deseo y propósito

---

[1] Muchos exégetas –según indica L. ALONSO SCHÖKEL [1920-1998]–, consideran que probablemente el Salmo 1 nunca existió originalmente como salmo sino que era una introducción o preámbulo al Salterio, formando parte de que lo hoy conocemos como Salmo 2. Una teoría que aparentemente se confirma por una variante del pasaje de Hechos 13:33, donde algunos manuscritos en lugar de decir *"como está escrito en el salmo segundo"* dicen *"en el salmo primero"*, dando a entender que en principio eran un mismo salmo. [L. ALONSO SCHÖKEL, *Salmos I*. Editorial Verbo Divino. Estella (Navarra), España, 1992].

[2] Eso mismo afirma sobre este salmo BASILIO DE CESAREA [330-379] (más conocido como *Basilio el Magno)* en una de sus *"Homilías sobre los Salmos"*, la correspondiente al salmo primero*: «El salmo primero es la base que sustenta todo el edificio del Salterio. Lo que los cimientos son a una casa, la quilla a un barco, o el corazón al cuerpo; eso es esa breve introducción que es salmo primero a todo el Libro de los Salmos».* ORÍGENES [c.185-254] exclama: «¿Qué mejor comienzo para el Libro de los Salmos que esta profecía y alabanza del hombre perfecto en su relación con el Señor?». GREGORIO DE NISA [330-394] por su parte afirma que «El salmo primero es como una introducción a la filosofía espiritual, pues nos invita a alejarnos de los malos o del mal, a acercarnos a lo bueno o al bien». HIPÓLITO DE ROMA [170-235] concluye que «Este magnífico salmo

de su autor es enseñarnos el camino a la bienaventuranza y advertirnos de la destrucción segura que aguarda a los pecadores. Una suerte de texto clave sobre el cual sustenta su mensaje divino todo el conjunto de los demás Salmos.

C. H. SPURGEON

Debido a una tautología o hebraísmo de repetición que enfatiza el grado superlativo, al libro de Cantares se lo denomina *"El Cantar de los Cantares"* por considerar que constituye el canto más excelente entre todos los cantos; así, en justa correspondencia, el Salmo Primero debería llevar por título *"El Salmo de los Salmos"*, no tan solo porque viene a ser un resumen de todos los demás salmos, sino también porque contiene la médula y quintaesencia de la fe cristiana. Lo que San Jerónimo[3] afirmó sobre las epístolas de Pablo puede aplicarse a este salmo con toda propiedad: corto en su compostura, pero largo y enjundioso en su contenido. Abre con una bienaventuranza, comienza donde todos aspiramos terminar; y bien podríamos etiquetarlo como *La Guía del Cristiano,* pues traza

---

que abre el salterio expresa: la esperanza de la felicidad, la amenaza del juicio, y la promesa de incorporación al misterio de Dios».

[3] Se refiere a JERÓNIMO DE ESTRIDÓN o EUSEBIO HIERÓNIMO DE ESTRIDÓN [c.342-420], nacido en Dalmacia, más conocido como SAN JERÓNIMO, Padre de la Iglesia, uno de los cuatro grandes Padres Latinos. Gran conocedor del griego y el hebreo y gran latinista, tradujo la Biblia del griego y el hebreo al latín, traducción conocida como la *Vulgata* (del latín *"vulgo"*, "pueblo"; *"vulgata editio"*, "edición para el pueblo"), que fue hasta la promulgación de la *Neovulgata* en 1979, el texto bíblico oficial de la Iglesia católica romana. Afirmó que las Epístolas de Pablo contienen la quintaesencia del mensaje del Evangelio.

un mapa detallado no solo de las arenas movedizas donde los malos se hunden sin remedio, sino también de las zonas de tierra firme por donde han de transitar los creyentes en su camino a la gloria.[4]

THOMAS WATSON [1620-1686]
"Saint's Spiritual Delight", 1660

El salmo primero puede resumirse en dos presupuestos fundamentales y opuestos entre sí: los justos son objeto de bendición, mientras que los malos acarrean su propia desgracia. Lo que plantea a su vez dos afirmaciones desafiantes por parte del salmista: una, su panegírico y defensa a ultranza de las virtudes y bendiciones del justo, a quien presenta como el auténtico Jasón[5] capaz de ganar

---

[4] A modo de curiosidad diremos que la primera palabra del salmo en hebreo empieza por א *alef*, primera letra del alfabeto, y la última palabra del versículo seis (último versículo) por ת *tau*, la última letra del alefato o alfabeto hebreo. ¿Un simbolismo de que este salmo constituye el mapa completo del camino a la gloria que es el salterio?

[5] Se refiere a JASÓN, héroe mitológico griego hijo de Esón y de Alcímeda, rey de Yolcos, quien fue destronado por su hermano Pelias. A su vez, Pelias fue advertido por el Oráculo de que tuviera cuidado con un hombre calzado con una sola sandalia porque pondría en peligro su trono. Jasón fue educado por el centauro Quirón hasta que al cumplir los veinte años se dirigió a Yolcos dispuesto a recuperar el trono que por herencia le pertenecía. En el camino, tuvo que cruzar un río donde perdió una de sus sandalias. Al llegar a la ciudad, fue llamado por su tío Pelias y este, al darse cuenta de que aquel podía ser el hombre que anunciaba el oráculo, decidió alejarlo de su tierra enviándolo a una difícil misión: viajar hasta la Cólquida (al pie del Cáucaso) y traer de allí el vellocino de oro, que había sido la piel de un carnero fabuloso, lo que consiguió al frente de una expedición de héroes griegos conocidos como los Argonautas y con la complicidad y ayuda de la hechicera Medea.

finalmente el «vellón de oro»[6] de la bienaventuranza; otra, la afirmación tajante y taxativa de que a pesar que los malos logren temporalmente ciertas etapas de felicidad y éxito en este mundo, su vida es desgraciada y su fin, funesto.

SIR RICHARD BAKER [1568-1645]
"Meditations and disquisitions upon the first psalme of David", 1640

Me inclino por aceptar la opinión generalizada entre los escritores de la antigüedad (Agustín, Jerónimo, etc.) que no dudaban al afirmar que el salmo primero tiene como objetivo final describir y resaltar el carácter y la bienaventuranza del Justo por excelencia: Cristo Jesús.[7]

JOHN FRY [1792-1822]
"A Translation and Exposition of the Psalms on the principles adopted in the posthumous work of Bishop Horsley", 1842

---

[6] Es probable que algún lector se sienta extrañado por las numerosas alusiones y citas que C. H. Spurgeon hace a hechos y personajes de la mitología griega, hoy casi desconocida por la mayoría. Al respecto es importante tener en cuenta que en época de Spurgeon era norma que toda persona culta estudiara latín y griego y leyera los "clásicos": Sócrates, Platón, Aristóteles, Homero y Virgilio entre otros, muchas veces incluso en sus lenguas originales. Por tanto, citarlos en apoyo o como ilustración de una idea era algo de lo más común, una prueba de cultura por parte de un predicador o escritor, y hacerlo contribuía notablemente a elevar el nivel intelectual de una predicación o de un escrito.

[7] De hecho AGUSTÍN DE HIPONA [353-429] abre su exposición al salmo con estas palabras: «Este salmo debe aplicarse a nuestro Señor Jesucristo, al Dios hecho hombre. *"Bienaventurado el varón que no anduvo en consejo de malos"*. Es decir, justo lo contrario de lo que hizo Adán, el hombre terrenal, que al dejarse convencer por el consejo de su esposa, engañada por la serpiente, pasó por alto las ordenanzas del Señor. *"Ni estuvo en camino de pecadores"*. Es

Estructura. Este Salmo se estructura en *dos partes*: En la *primera* (vers. 1-3) David establece en qué consiste la felicidad y bienaventuranza del hombre recto, cuáles son sus parámetros de conducta y qué bendiciones recibirá de parte del Señor. En la *segunda* parte (vers. 4-6) lo contrasta con el carácter y la conducta de los malos, revela su futuro y describe, en un lenguaje narrativo, su sentencia y destino.

C. H. Spurgeon

Versión poética:

Beatus vir

Feliz aquel mortal que nunca ha entrado
en las juntas que tienen los inicuos,
ni en los caminos que andan los malvados
sus pasos un instante ha detenido.

Que nunca se sentó en la pestilente
cátedra del error, en que el impío
predica sin cesar máximas falsas,
dogmas absurdos, pérfidos principios.

---

una realidad que Cristo vino a este mundo por el mismo camino de los pecadores, pues nació igual que nacen los pecadores. Pero no se detuvo en ella porque no lo ataban los halagos del mundo. Finalmente, vamos a prestar atención a la serie verbal "siguió, se detuvo, se sentó". Aquel hombre terrenal siguió al apartarse de Dios; se detuvo al hallar complacencia en el pecado; tomó asiento cuando, tras reafirmarse en su orgullo, se vio incapacitado para dar marcha atrás, de no haberle liberado Aquel que ni siguió en el consejo de los impíos, ni se detuvo en la senda de los pecadores, ni se sentó en el trono de la peste».

LA INTEGRIDAD

De la ley del Señor solo ocupado,
y sujetando siempre su albedrío,
atento la medita día y noche,
para cumplir sus órdenes divinos.

Se verá como el árbol que frondoso
está plantado junto al fresco río,
que le fecunda con sus dulces aguas,
y a su tiempo dará frutos ópimos.

Jamás le caerán sus verdes hojas,
ni jamás dejará de estar florido;
y todo lo que hiciere, entre sus manos
próspero se verá, será bendito.

No así el malo, no así; pues de su vida
los destinos serán como el polvillo,
que de la seca tierra arranca el viento,
y por el aire vaga en torbellinos.

Por eso no podrán los infelices
resucitar en el final juicio,
ni en el feliz Congreso de los Santos
los pecadores hallarán asilo.

Dios, que aprueba las vías de los justo,
de ellos hará salir sus escogidos;
pero de los impíos que le ultrajan
destruirá al caminante y al camino.

DEL "SALTERIO POÉTICO ESPAÑOL", SIGLO XVIII

2

Vers. 1. *Bienaventurado el varón que no anduvo en consejo de malos, ni estuvo en camino de pecadores, ni en silla de escarnecedores se ha sentado.*

[Bienaventurado el varón que no anduvo en consejo de malos, ni estuvo en camino de pecadores, ni en silla de escarnecedores se ha sentado. RVR*] [Dichoso el hombre que no sigue el consejo de los malvados, ni se detiene en la senda de los pecadores ni cultiva la amistad de los blasfemos.* NVI*] [Cuán bienaventurado es el hombre que no anda en el consejo de los impíos, ni se detiene en el camino de los pecadores, ni se sienta en la silla de los escarnecedores.* LBLA*]*

Bienaventurado el varón. "*Bienaventurado*", ved cómo el *Libro de los Salmos* comienza exactamente igual que el famoso *Sermón del Monte* de nuestro Señor, ambos con una bienaventuranza[8]. La palabra hebrea אַשְׁרֵי *'ašrê* traducida aquí como "*bienaventurado*" es un término muy expresivo.[9] En hebreo es un plural, y se ha debatido

---
[8] Mateo 5:3.
[9] En hebreo אַשְׁרֵי־הָאִישׁ *'ašrê-hā'îš*. Schökel destaca que la expresión es característica de lo que en lenguaje técnico se conoce

mucho sobre si se trata de un adjetivo o de un sustantivo. Nos enseña la multiplicidad de bienaventuranzas de que disfruta el hombre a quien Dios ha justificado, así como la perfección y grandeza de aquellas de las que un día disfrutará.[10] Bien podríamos leer aquí: *"Oh las numerosas bienaventuranzas"* y entenderlo, (como hace Ainsworth[11]) como una expresión o aclamación de júbilo por las múltiples dichas de que disfruta el hombre justo. ¡Ojalá seamos nosotros merecedores de ellas!

---

como *"género de felicitación"* o *"makarismo"* (del griego *"makarios"* = *"feliz";* *"makarizo"* = *"felicitar"),* y que se repite hasta veintiséis veces en el Salterio.

[10] AMBROSIO DE MILÁN [340-397] afirma en este sentido en su *"Comentario a Doce Salmos"* que a aquellos que compiten en los juegos se les ofrece una corona con el propósito de estimularlos y lograr que den todo de sí, que pongan en la competición toda la esencia de su ser. El Señor Jesús nos ofrece mucho más: la gloria del reino celestial, la dulzura del reposo permanente y la felicidad de la vida eterna.

[11] Se refiere a HENRY AINSWORTH [1571-1622], teólogo inglés no conformista, nacido en Swanton Morley, Norfolk, educado en el *Caius College* de Cambridge y posteriormente exilado y afincado en Ámsterdam. Erudito y reconocido especialista en hebreo bíblico, fue autor de numerosas obras, entre las que destacan sus traducciones anotadas o comentarios a *Génesis* (1616); *Éxodo* (1617); *Levítico* (1618); *Números* (1619); *Deuteronomio* (1619) *Salmos* (incluyendo una versión métrica, 1612); y el *Cantar de los Cantares de Salomón* (1623). Su obra *Psalms, The Book of Psalms: Englished both in Prose and Metre with Annotations* [Ámsterdam, 1612], que incluye en una separata treinta y nueve melodías monofónicas de salmos, es conocida como el *Ainsworth Psalter,* "El Salterio de Ainsworth", único libro de música que los peregrinos puritanos llevaron a Nueva Inglaterra en 1620, posteriormente revisado y convertido en el *Bay Psalm Book,* y que tuvo una influencia fundamental en la primitiva salmodia norteamericana.

SALMO 1

Que no anduvo en consejo de malos, ni estuvo en camino de pecadores, ni en silla de escarnecedores se ha sentado. Aquí se describe al justo por sus acciones, tanto por el lado negativo, es decir, por lo que no hace (v. 1:1), como por el lado positivo, por lo que hace (v. 1:2). No anda en consejo de malos.[12] Busca el consejo prudente, sigue los caminos del Señor su Dios y cumple sus mandamientos. Para él, los caminos de la piedad son sendas placenteras y llenas de paz. Sus pasos no se orientan en las astucias y artimañas de los hombres carnales sino en los mandatos de la Palabra divina. Cuando la vida de una persona experimenta en su orientación un cambio tan radical, y la santidad hace acto de presencia en su conducta y acciones, no queda la menor duda de que la gracia fluye en su interior. Reparemos en el detalle: *"no anda en camino de pecadores"*, es decir, es extremadamente selectivo a la hora de elegir sus amistades. A pesar de que sigue siendo un pecador, ahora es un pecador redimido, con un corazón renovado y dirigido por el Espíritu Santo, digno de levantarse en la congregación de los justos, y ello hace que no esté a gusto entre los obradores de maldad ni se encuentre cómodo sentado en las sillas de los escarnecedores.[13] Al cristiano los ateos no le resultan una compañía

---

[12] Así se describe al justo Job (Job 1:1,8; 2:3). El mismo concepto de apartarse del mal se repite en diversos proverbios (Proverbios 3:7; 16:6,17).

[13] El insigne biblista español JAIME PÉREZ DE VALENCIA [1408-1490], autor de un polémico *"Comentario a los Salmos"*, hace al respecto el siguiente comentario: «Como hay tres grados de malvados, a saber: los que proponen, los que pecan, los que se obstinan, así hay tres grados de honrados, a saber: principiantes, adelantados, perfectos. Por eso podemos leer y entender los versos hipotéticamente así: Dichoso el hombre que no sigue el consejo de los malvados, sino que permanece en el consejo de los fieles y justos; que no se detiene en la senda de los pecadores, sino que persiste en obrar bien; que

grata. ¡Dejad que se burlen de la eternidad, del cielo y del infierno, y del Dios eterno, si eso es lo que desean! El varón justo, que se nutre de una filosofía mejor y más avanzada que la de los infieles, tiene un sentido tan real de la presencia de Dios a su alrededor que se le hace imposible permanecer en ambientes donde se blasfema su nombre. Las sillas de los escarnecedores pueden parecernos cómodas y presentarse como elevadas y sublimes, pero están muy próximas a la puerta del infierno; huyamos de ellas, porque muy pronto van a quedar vacías y la destrucción eterna engullirá a todos los que en ellas se sientan. Fijaos en la degradación paulatina que se describe en este primer versículo:

No anduvo[14] *en consejo de MALOS*
Ni estuvo[15] *en camino de PECADORES*
Ni en sillas de ESCARNECEDORES[16] *se ha sentado.*[17]

---

no se sienta en el escaño de pestilencia, sino que persevera en la doctrina auténtica de la ley». (Citado por L. ALONSO SCHÖKEL).

[14] Aunque la traducción de הָלַךְ *hālak* por *"anduvo"* es correcta, el sentido del verbo es más fuerte de lo que podríamos entender por un simple *"anduvo"*, ya que incluye un cierto sentido de dirección, de escoger o elegir por propia voluntad ese camino por el que uno anda: *"Que no eligió andar en camino de pecadores"*.

[15] La KJV traduce el verbo hebreo דָּמַד *'āmad* como *"standeth"*. El sentido va mucho más allá de la simple idea de *"estuvo"* que utiliza la Reina-Valera; significa más bien "la persona que se queda parada en un lugar *porque allí se encuentra a gusto*". El *"detuvo"* que utilizan la NVI y LBLA es mucho mejor.

[16] El sentido aquí del verbo hebreo לֵצִים *lêṣîm*, que la KJV traduce como *"scornful"* y nuestras versiones españolas como *"escarnecedores"*, es el de *burlarse* o *mofarse*, aunque también puede entenderse como *ridiculizar, despreciar, zaherir, afrentar*. SCHÖKEL la traduce como *"cínicos"*, aunque no en el sentido de la escuela filosófica sino su sentido más vulgar.

[17] En hebreo וּבְמוֹשַׁב לֵצִים לֹא יָשָׁב *ūbəmōwōšab lêṣîm lō yāšab*.

SALMO 1

Malos, pecadores, escarnecedores. Cuando los seres humanos viven en pecado van de mal en peor. Al principio, se limitan a escuchar ocasionalmente el consejo de los malos y negligentes, que se olvidan de Dios; pero al cabo de un tiempo se habitúan al mal y comienzan a caminar abiertamente por los caminos de pecadores, de aquellos que quebrantan y transgreden por propia voluntad los mandamientos divinos; y no tardan mucho en dar un paso más y convertirse en maestros pestilentes abocados a tentar a otros, sentados cómoda y permanentemente en las sillas de escarnecedores. Se gradúan en las asignaturas del vicio y, como corresponde a verdaderos *Doctores en Condenación*, se instalan en su poltrona y son admirados por los demás como verdaderos *Maestros de Belial*. En contraste, tenemos al hombre justo y recto, el hombre a quien corresponden todas las bienaventuranzas divinas, a quien resulta del todo imposible mantener comunión ni relación alguna con semejantes personajes[18]. Se mantiene puro alejándose todo lo que puede de tales leprosos; rechaza toda mala acción como si de vestiduras manchadas y contaminadas por carne putrefacta se tratara; y evitando todo contacto con los malvados rehúsa su compañía y sale fuera de su campamento llevando sobre sí el vituperio de Cristo.[19] ¡Concédanos Dios la gracia de permanecer de ese modo separados de los pecadores!

C. H. SPURGEON

Bienaventurado. El Salmista dice más sobre la verdadera felicidad en éste corto salmo y de un modo mucho

---

[18] El triple concepto de *"no anduvo", "no estuvo", "no se sentó"*, indica un alejamiento total y absoluto tanto del proceder como de la compañía de los impíos.
[19] Hebreos 13:13.

LA INTEGRIDAD

más apropiado, que cualquiera de los filósofos o incluso que todos ellos juntos. Los filósofos no hacen más que andarse por las ramas; Dios va directamente al punto clave y dice lo esencial.[20]

JOHN TRAPP [1601-1669]
"*A commentary or exposition upon the books of Ezra, Nehemiah, Esther, Job and Psalms*", 1657

Bienaventurado. Dondequiera que veamos la palabra «bienaventurado» colgada en la puerta, es seguro que dentro encontraremos a un hombre justo y recto.

SIR RICHARD BAKER [1568-1645]
"*Meditations and disquisitions upon the first psalme of David*", 1640

El varón. El término hebreo הָאִישׁ *hā'îš* es enfático y limitativo. No significa "*el varón*" o "*el hombre*" en sentido genérico, como normalmente suele traducirse, sino "*este hombre en concreto*", es decir, uno entre mil, que

---

[20] GREGORIO NACIANCENO [342-389] considera que la mejor definición de la palabra "*bienaventurado*" nos la proporciona el apóstol Pablo cuando en 1ª Timoteo 6:15-16 nos habla del: "*bienaventurado y solo Soberano, Rey de reyes, y Señor de señores, el único que tiene inmortalidad, que habita en luz inaccesible; a quien ninguno de los hombres ha visto ni puede ver, al cual sea la honra y el imperio sempiterno*". «En mi opinión –dice– todos estos conceptos sublimes de la naturaleza divina que todo lo trasciende, definen el concepto de bienaventuranza», una bienaventuranza que, en parte y por semejanza (1ª Juan 3:2), se aplica a todos aquellos que creen en él *(In inscriptiones psalmorum).*

vive para dar cumplimiento al fin para el cual Dios le ha creado.[21]

ADAM CLARKE [1760-1832]
"*Commentary on the Whole Bible*", 1831

Bienaventurado el varón que no anduvo en consejo de malos, ni estuvo en camino de pecadores, ni en silla de escarnecedores se ha sentado. En hebreo, la palabra que nuestras versiones traducen aquí por *"bienaventurado"* אַשְׁרֵי *'ašrê* es un plural *"bienaventuranzas las de"* y transmite la idea de *dicha/felicidad* en su sentido más amplio, es decir, en todos sus aspectos posibles. Tal es la porción, según afirma el salmista, del hombre *"que no anduvo en consejo de malos, ni estuvo en camino de pecadores, ni en silla de escarnecedores se ha sentado"*. Viene a ser como si dijera: Los que de ese modo se comportan serán bienaventurados y todas las cosas los ayudarán a bien.[22] ¿Por qué, pues, tantos devaneos filosóficos? ¿Por qué tantas

---

[21] La práctica totalidad de los Padres de la Iglesia identifican este הָאִישׁ *hā'îš* "*el varón*" o "*el hombre*" con Cristo. EUSEBIO DE CESAREA [267-338] aclara que cuando la palabra hebrea incluye el artículo, como en este caso *(*no אִישׁ *'îysh* sino הָאִישׁ *hā'îš)*, siempre se refiera a Cristo. AGUSTÍN DE HIPONA [353-429] entiende que el concepto de ese *"hombre que no anduvo en consejo de malos ni estuvo en camino de pecadores"* no es en justicia aplicable a nadie de la descendencia de Adán, salvo a Cristo, que nacido como nacen los pecadores fue igual que nosotros en todo excepto en el pecado (Hebreos 4:15). Y BASILIO MAGNO [326-379] nos recuerda en su homilía sobre este salmo que con decir *"el hombre"* el salmista no está excluyendo en modo alguno a las mujeres, ya que fueron creadas por Dios de la misma naturaleza que el hombre y son iguales en virtud; si comparten una misma naturaleza han de tener la misma recompensa.
[22] Romanos 8:28.

disquisiciones vanas sobre cómo alcanzar la verdadera felicidad si el camino está más que claro? ¡Cuando un hombre encuentra la perla de gran precio,[23] que consiste en amar la Ley de Dios y en mantenerse separado de los malos, a tal hombre le corresponde toda bienaventuranza, y alcanzará la felicidad absoluta en el sentido más amplio! Pero si no ha encontrado esa perla, por más que se esfuerce en la búsqueda de la felicidad, nunca la alcanzará. Pues así como para aquellos que actúan con pureza todas las cosas se vuelven puras, amorosas para los que imparten amor, o buenas a los que obran con bondad, así también, y por ley universal, aunque Dios no sea una criatura creada, se convierte para cada hombre en lo que ese hombre es. Así como tú seas, así será Dios para ti. Perverso con los perversos y santo para los que son santos. Por tanto, nadie que se relacione o tenga que ver con lo malo será considerado bueno ante sus ojos; ni resultará jamás dulce a su paladar aquel que no se deleita en Su Ley.[24] La palabra *"consejo"* hay que entenderla aquí como expresión directa de *decretos* o *doctrinas*, partiendo de la base de que ninguna sociedad humana existe y subsiste sin que haya sido formada y preservada mediante decretos y leyes. El salmista David lanza con estas palabras un ataque directo al orgullo y temeridad reprobada de los impíos. En primer lugar, por no ser capaces de humillarse hasta el punto de querer andar bajo la Ley del Señor y preferir regirse por su propio consejo, llamando *"consejo"* a lo que no es más que su propia prudencia, y lo que ellos entienden como lo correcto y libre de error. Porque esto es precisamente lo que aboca a los malos a su destrucción: su

---

[23] Mateo 13:45-46.
[24] Salmo 119:16,103.

empecinamiento en considerarse prudentes ante sus propios ojos y vestir sus errores con el traje de lo que ellos mismos entienden como verdades. Pues si se presentaran ante los hombres vestidos abiertamente con el traje del error, los justos que los rechazan no serían merecedores de tanta bienaventuranza por su decisión de apartarse y no andar con ellos, ya que sería fácil distinguirlos. Pero David no aplica su bienaventuranza al que no anda en la *necedad* de malos o en el *error* de malos" sino *"en consejo de malos"*. En otras palabras, nos amonesta y advierte a no caer en esa trampa sutil; a guardarnos con diligencia de lo malo que se nos presenta con apariencia de bueno, de lo torcido que pretende pasar por recto, del diablo que se viste como ángel de luz para seducirnos con sus artimañas.[25] Y contrasta el consejo de los malos con la Ley del Señor, que nos permite desenmascarar a esos lobos con piel de oveja, siempre dispuestos a dar consejos en todo, a enseñarlo todo, y a instruir a los demás en todo, cuando en realidad son de entre todos los hombres los menos cualificados para hacerlo. La versión inglesa traduce *"nor standeth in the way of sinners"*, es decir, *"ni puso su pie sobre el camino de pecadores"*, lo cual implica y añade el sentido argumental de mantener y defender una postura concreta y determinada respecto a las cosas; y describe además la obstinación y rigidez mental con la que se envuelven y protegen los malos, fabricando excusas con palabras de malicia y haciéndose incorregibles en su maldad. Porque *"poner el pie"* o *"estar de pie"* en un lugar determinado, en el sentido figurado en que se utiliza en la Escritura, significa estar firme o fijo en una postura determinada, como leemos en Romanos: *"Para su propio señor está en*

---

[25] 2ª Corintios 11:14.

pie, o cae; pero estará firme, porque poderoso es el Señor para hacerle estar firme".[26] La mayor y más frecuente entre las muchas excusas de los malos es su capacidad para el autoengaño, su apariencia de rectitud, su habilidad para convencerse a sí mismos y a los demás de que actúan rectamente, lo que prueban mediante la aparente realidad de que sus obras brillan –durante un tiempo– por encima de las de los demás.

En lo que hace referencia al término *"sentado"*, en el concepto bíblico *"sentarse"* en la silla de algo o de alguien equivale a enseñar, actuar de instructor y maestro, como podemos comprobar: *"En la cátedra (silla) de Moisés se sientan los escribas y los fariseos".*[27] Muchos son los que se sientan en una cátedra pestilente, que infecta la Iglesia con opiniones de filósofos, tradiciones de hombres y consejos elucubrados por sus propias mentes, y oprimen a las conciencias desdichadas dejando de lado la Palabra de Dios, única fuente capaz de alimentar y preservar el alma.

Martín Lutero [1536-1546]

No anduvo en consejo de malos, ni estuvo en camino de pecadores, ni en silla de escarnecedores se ha sentado. *"**NO** anduvo... **NI** estuvo... **NI** se ha sentado".* Los preceptos negativos son, en algunos casos, más absolutos, autoritarios y perentorios que los afirmativos. Decir, por ejemplo, *"que anduvo en consejo de justos"* no sería suficiente, pues uno puede andar en consejo de justos y a su vez también en consejo de malos, no al mismo tiempo, ciertamente, pero sí alternativamente. Mientras que la negación deja claro de manera enfática que el tal hombre

---

[26] Romanos 14:4.
[27] Mateo 23:2.

"*nunca anduvo*", y nunca aceptó el consejo de los malos bajo ningún concepto, fueran cuales fueran las circunstancias en las que se encontrara.

SIR RICHARD BAKER [1568-1645]
"*Meditations and disquisitions upon the first psalme of David*", 1640

Ni estuvo en camino de pecadores. Es importante distinguir aquí las características peculiares de la conducta de cada uno:
1- *Del malo:* su consejo;
2- *Del pecador:* su camino;
3- *Del escarnecedor:* su silla.[28]

Al *malo* no le preocupan las cuestiones espirituales, no experimenta ningún celo ni por su propia salvación ni por la de otros; y aconseja a todos aquellos con quienes se relaciona que adopten su misma postura y se olviden

---

[28] En este mismo sentido dice CASIODORO [485-583] que hay que tener muy en cuenta el orden del salmista en su exposición de estos conceptos, pues sigue (en su criterio), el mismo orden que siguió Adán en su declive: se apartó del consejo divino para seguir el consejo del Malo; puso su pie sobre el camino de los pecadores cuando decidió seguir este consejo comiendo del árbol del bien y del mal; y se sentó la "*cátedra de pestilencia*" (o "*tronos de pestilencia*" según traduce la *Vulgata Latina*) dejando a su posteridad la enseñanza errónea de su ejemplo y proceder.

De hecho, AGUSTÍN DE HIPONA [353-429] ya había expuesto anteriormente la misma idea cuando dice: «Vamos a prestar atención al orden que siguen los verbos: "*anduvo*", "*se detuvo*", "*se sentó*". El hombre terrenal [Adán], en su alejarse de Dios siguió el mismo orden: "*anduvo*", siguió el consejo de su mujer engañada por la serpiente; "*se detuvo*", encontró complacencia en el pecado; "*se sentó*", cegado por su orgullo fue incapaz para dar marcha atrás; y sólo pudo ser liberado por Aquel que ni siguió el consejo de los malos, ni se detuvo en la senda de los pecadores, ni se sentó en las cátedras de pestilencia (Mateo 23:2)».

de cosas tales como la oración, la lectura de la Biblia, el arrepentimiento, etc. *«No hay razón ni motivo para tales cosas –afirma– basta con ser una persona honrada y de principios morales, no hay ninguna necesidad de inquietarse por temas espirituales para que al final todo te vaya bien».* Bienaventurado el hombre –afirma el salmista– que no escucha este consejo, que no se aviene a los patrones de conducta de quien así piensa ni actúa en base a sus ideas.

El *pecador* tiene delimitado su camino o área particular de transgredir: uno es borracho, otro es deshonesto o actúa con mala fe, otro es avaro, otro impuro. Pocos hay que se entreguen y practiquen a la vez todos los vicios. Hay muchos avaros que aborrecen la embriaguez, y muchos borrachos que aborrecen la avaricia, y así sucesivamente. Cada pecador tiene su propio pecado dominante, por tanto, como dice el profeta: *"Deje el impío su camino".*[29] Bienaventurado es aquel que no anda por caminos semejantes.

El *escarnecedor* es el hombre que en lo referente a sí mismo ha roto de manera absoluta y definitiva con todo tipo de sentimiento espiritual o moral. Se ha *"sentado"* en la maldad, es decir, se recrea en la impiedad y se mofa de todo concepto de pecado. Su conciencia se ha cauterizado hasta tal punto que lo único en lo que cree es aquello en lo que no cree. Bendito el hombre que no se ha sentado en su silla.

ADAM CLARKE [1760-1832]
"Commentary on the Whole Bible", 1831

---

[29] Isaías 55:7.

En sillas de escarnecedores. Las sillas de las tabernas donde se sientan los borrachos para llenarse de licor, son sillas de escarnecedores.[30]

MATTHEW HENRY [1662-1714]
"Commentary on the Whole Bible", 1811

De escarnecedores. «*Peccator cum in profundum venerit contemnet*». Cuando el pecador hace burla y menosprecia alcanza la fosa más profunda del pecado.[31] Los israelitas menospreciaron a Moisés: *"¿Quién te ha puesto a ti por príncipe y juez sobre nosotros"*.[32] El rey Acab menospreció al profeta Micaías porque no profetizó a su favor.[33] Los muchachos de Bethel se burlaron de Eliseo,

---

[30] Para CLEMENTE DE ALEJANDRÍA [150-215] las *"sillas de escarnecedores"* (o *"tronos de pestilencia"* pues así traduce la *Vulgata Latina* lo que la RV traduce como *"sillas de escarnecedores"*) son «los teatros y tribunales, la avenencia con los poderes malignos y mortíferos de este mundo y la complicidad con sus acciones» *(Stromata o "Misceláneas").*

AGUSTÍN DE HIPONA [353-429] por su parte comenta: *"Ni en sillas de escarnecedores se ha sentado"*. Cristo rechazó por entero los reinos de este mundo ligados al orgullo de manera inseparable. La expresión *"tronos pestilentes"* (así traduce la Vulgata Latina lo que la RV traduce como *"sillas de escarnecedores"*) es muy apropiada, ya que casi nadie está exento de la ambición de mando, ni de los apetitos de gloria humana. La peste es una epidemia que se propaga de un lado a otro y acaba por infectarlo todo o casi todo. En una aplicación más práctica, el trono de pestilencia es equiparable a las enseñanzas y doctrinas heréticas y perniciosas, que se propagan por todas partes como gangrena (2ª Timoteo 2:17).

[31] En este mismo sentido L. ALONSO SCHÖKEL traduce *"ni se sienta en la reunión de los cínicos"*.

[32] Éxodo 2:14.

[33] 1ª Reyes 22:18.

gritándole *"Calvo, sube"*.[34] El escarnio, la burla y el menosprecio son como una gota concentrada del más puro veneno, que tragada por el océano es suficiente para infectarlo por completo; como una sola gota del veneno de algunas serpientes, que penetra en las venas y se esparce por todo el cuerpo hasta alcanzar los órganos vitales. *"El que mora en los cielos se reirá; el Señor se burlará de ellos"*,[35] esto es, de todos los que antes se han burlado de él. Todo cuanto el hombre escupe contra el cielo revierte contra su propio rostro. Todo vuestro escarnio, vuestras mofas, vuestras burlas, y las indignidades que cometáis contra vuestros médicos espirituales, bajarán con vosotros al sepulcro y dormirán en el polvo de vuestras cenizas, pero se levantarán contra vuestras almas en el día del juicio.

THOMAS ADAMS [1583-1653]
"Mystical bedlam, or the world of mad-men", 1615

Vers. 2. Sino que en la ley de Jehová está su delicia, y en su ley medita de día y de noche. *[Sino que en la ley de Jehová está su delicia, y en su ley medita de día y de noche.* RVR] *[Sino que en la ley del Señor se deleita, y día y noche medita en ella.* NVI] *[Sino que en la ley del Señor está su deleite, y en su ley medita de día y de noche.* LBLA]

Sino que en la ley de Jehová está su delicia, y en su ley medita de día y de noche. Aquí se relacionan y exponen los signos positivos del hombre justo y recto en contraste unos con otros. Se deleita en la Ley del Señor. No está *bajo* la Ley, *sujeto* a ella o *sometido* por ella a maldición

---
[34] 2ª Reyes 2:23.
[35] Salmo 2:4.

o condenación;[36] sino que simplemente está *en* la Ley, es decir, está con ella, está de su parte y la convierte en su norma de vida; se deleita en ella y medita en ella; la lee durante el día y piensa en ella por la noche. Lee un texto, lo memoriza y le va dando vueltas a lo largo de todo el día; luego, en las largas vigilias de la noche, cuando el sueño abandona sus párpados, medita en la Palabra de Dios. En la prosperidad del día canta salmos de la Palabra; y en la noche de la aflicción se consuela con sus promesas.[37] *Y en su ley medita de día y de noche.* La Ley del Señor es el pan cotidiano de todo creyente verdadero. ¡Cuán limitada era la porción disponible de texto inspirado que poseían en los días de David en comparación con la que disponemos nosotros hoy en día, pues todo lo que tenían eran escasamente los cinco libros de Moisés! ¡Cuánto más agradecidos, por tanto, no deberíamos estar nosotros, y cuánto más deberíamos valorar ese volumen de la Palabra completa del que con tanta abundancia disponemos hoy en todos nuestros hogares! Pero qué tratamiento tan pobre y enfermizo damos, sin embargo, a este ángel venido del cielo. ¡Qué pocos cristianos hay que actúen como los de Berea, que se afanaban con deleite en escudriñar las Escrituras![38] ¡Cuán pocos están hoy en día en posición de

---

[36] Romanos 7:6.
[37] NICETAS DE REMESIANA [335-414] en su *"De Vigiliis servorum Dei", "La vigilia de los siervos de Dios"* afirma que la meditación a lo largo del día es buena y conveniente, pero durante la noche es mucho mejor. Pues durante el día siempre hay distracciones y obligaciones que dividen la atención de nuestra mente y limitan su capacidad, mientras que en soledad de la noche la mente puede concentrarse por entero en la oración y la búsqueda de la presencia divina.
[38] Hechos 17:10-11.

reclamar y hacer suya la bienaventuranza anunciada por el salmista para los que *"en ella meditan de día y de noche"*.[39] Puede que algunos de vosotros podáis alegar que estáis en posesión de un cierto grado de pureza negativa, porque no andáis en consejo de malos ni en camino de pecadores, pero permitidme una pregunta: ¿Está vuestro deleite en la Ley de Dios? ¿La estudiáis con ahínco? ¿Habéis hecho de ella vuestra mano derecha, vuestra compañera y vuestra guía hora tras hora? Si no es así, esta bienaventuranza no os pertenece.

C. H. SPURGEON

En la ley de Jehová está su delicia. El *"deleite"* al que hace referencia aquí el salmista es un deleite del corazón, un placer real en la Ley divina; que no mira a lo que la Ley promete, ni se preocupa por lo que amenaza, sino que se centra solo en que *"la ley a la verdad es santa, y el mandamiento santo, justo y bueno"*.[40] De ahí que tal deleite no sea un mero y simple amor a la Ley, sino más bien un deleitarse amando la Ley, un recrearse en ella, hasta tal punto que ni la prosperidad, ni la adversidad, ni el mundo, ni el príncipe de este mundo puedan eliminarlo o destruirlo, porque se abre camino victoriosamente en medio de la pobreza, de la calumnia, de la cruz, de la muerte y el infierno.[41] Y cuanto mayores y más intensas sean las adversidades, mayor es la intensidad con la que su luz brilla.

MARTÍN LUTERO [1483-1546]

---

[39] Ese es el consejo divino dado a Josué (Josué 1:8).
[40] Romanos 7:12.
[41] Proverbios 29:18.

En la ley de Jehová está su delicia. Este deleite del que nos habla aquí el salmista es el único deleite del que nadie tendrá jamás que ruborizarse, ni llevará a nadie a palidecer. El único deleite que proporciona placer sin una posterior resaca; el único que puede conjugarse en todos sus tiempos verbales; y que, como Eneas Anquises[42], lleva a sus progenitores sobre sus espaldas.

SIR RICHARD BAKER [1568-1645]
"Meditations and disquisitions upon the first psalme of David" 1640

Y en su ley medita de día y de noche. Este versículo tan sencillo encierra todo un mundo de santidad y espiritualidad; y si nos sentamos y lo estudiamos en oración y dependencia de Dios, podremos contemplar en él mucho más de lo que en apariencia nos ofrece a primera vista. Es probable que cuando leemos o miramos superficialmente la Palabra de Dios veamos en ella muy poco o nada; el siervo de Elías fue a mirar una vez y no vio nada; por ello se le dio la orden de ir a mirar siete veces. *"¿Qué ves ahora?"* -le preguntó el profeta- *"Veo una nube que asciende, como la palma de la mano";* y, al momento, toda la superficie de los cielos se hallaba cubierta de nubes.[43]

---

[42] Se refiere a ENEAS, héroe de la mitología griega, hijo de Anquises y Afrodita. Se convirtió en el más valeroso de los héroes troyanos, después de Héctor. En los combates que tuvieron lugar durante la Guerra de Troya, se vio auxiliado y favorecido en varias ocasiones por algunos dioses, según cuenta la narración de Homero: fue herido por Diomedes pero su madre Afrodita lo salvó. En la acción posterior la propia Afrodita fue herida por Diomedes. Apolo envolvió a Eneas en una nube y lo transportó a Pérgamo, donde fue curado por Artemisa y por Leto. Una versión novelesca de la contienda cuenta que Eneas huyó de las llamas llevando a Anquises sobre sus espaldas.
[43] 1ª Reyes 18:41-46.

LA INTEGRIDAD

Igualmente es posible que eches una mirada a la ligera sobre un pasaje de la Escritura y no veas nada; medita sobre él repetidamente y con frecuencia; pronto verás sobre el mismo luz resplandeciente como la luz del sol.

JOSEPH CARYL [1602-1673]

Y en su ley medita de día y de noche. El justo medita en la Ley del Señor de día y de noche. Los pontificios[44] excluyen de eso al pueblo llano y lo privan del beneficio de este tesoro común, objetando que implica una dificultad insalvable. «*Oh, –les dicen– las Escrituras son difíciles de interpretar, pero no os preocupéis ni os devanéis los sesos tratando de entenderlas, nosotros os explicaremos exactamente su significado*». Lo mismo sería que les dijeran: «*El cielo es un lugar dichoso, pero difícil de alcanzar, no os esforcéis en intentarlo, nosotros iremos en vuestro lugar*». De ese modo cuando en el gran día del juicio tengan los pobres que rendir cuentas y ser salvos por las verdades que explica el *Libro de los Libros,* no sabrán nada de él. En lugar de las Escrituras instruyen con imágenes, que, según dicen, son el *Libro del Pueblo Llano;* como si en el cielo hubieran de ser juzgados por un tribunal de escultores y pintores, y no por los doce apóstoles.[45] Procurad no caer

---

[44] En la Inglaterra anglicana del siglo XVII se daba el nombre de "pontificios" a los clérigos y partidarios de la Iglesia Católica Romana, en clara alusión a su obediencia y sujeción al Pontífice Romano. THOMAS ADAMS [1582-1652] famoso teólogo, escritor y predicador puritano, apodado el *"Shakespeare del puritanismo",* hace aquí una referencia irónica a la actitud del Catolicismo Romano de la época, que prohibía la lectura de la Biblia fuera del magisterio de la Iglesia, alegando que el pueblo iletrado no tenía capacidad para entenderla y por tanto debía serle interpretada y explicada por los clérigos con la ayuda de imágenes.
[45] Mateo 19:28; Lucas 22:30; 1ª Corintios 6:2.

en semejante engaño; antes bien estudiad profundamente el evangelio siempre y buscad consuelo en él. El que espera la herencia valora también el medio por el que le es notificada.

THOMAS ADAMS [1583-1653]
"*Mystical bedlam, or the world of mad-men*", 1615

En su ley medita de día y de noche. Meditar en algo, según se entiende en sentido general, implica analizarlo, debatirlo, discutirlo; y su significado se vincula a la acción verbal, al uso de las palabras, como vemos en otro salmo: *"La boca de los justos meditará sabiduría"*.[46] Por ello Agustín utiliza en su traducción de este texto el término *"charlar o conversar"*: «conversa acerca de su Ley», lo cual constituye una hermosa metáfora dado que indica un conversar constante sobre la ley del Señor, algo así como el continuo trinar de los pájaros: conversar sobre la ley de Dios es la ocupación más elevada del hombre, porque hablar es una función exclusiva y peculiar del hombre. Con todo, y siendo honesto, por muy poético y agradable que me resulte el uso de ese término que hace Agustín[47] se me hace difícil aceptar plenamente su aplicación y significado en la traducción de este pasaje; porque ese *"meditar"* del salmista es mucho más que un simple *"charlar o conversar"*, implica ante todo una observancia y cumplimiento

---
[46] Salmo 37:30.
[47] Se refiere a AURELIUS AUGUSTINUS [353-429], más conocido como SAN AGUSTÍN o AGUSTÍN DE HIPONA uno de los cuatro más importantes Padres de la Iglesia latina y uno de sus más eminentes doctores. Gran apologista cristiano, sus escritos suponen la primera gran síntesis entre el cristianismo y la filosofía platónica.

LA INTEGRIDAD

estricto de las palabras de la Ley;[48] contrastarlas con otras porciones de la Escritura, buscándoles ahínco; algo que podríamos ilustrar mejor comparándolo a una partida de caza en busca de venados en un denso bosque, en la que el Señor nos proporciona los venados y nos abre los secretos de sus guaridas. El resultado final de esta *"meditación"* es un creyente bien instruido en la Ley del Señor y capacitado para instruir a otros.

Martín Lutero [1483-1546]

En su ley medita de día y de noche.[49] El hombre piadoso lee la Palabra durante el día para que los demás vean sus buenas obras y glorifiquen a su Padre que está en los cielos;[50] y la lee también de noche para no ser visto por los hombres.[51] De día para mostrar que no forma parte de aquellos que aborrecen la luz;[52] de noche, para mostrar

---

[48] El verbo hebreo יֶהְגֶּה *yehgeh*, de הָגָה *hagah*, que traducimos como *"meditar"* va mucho más allá de una mera lectura o simple memorización. Schökel nos hace notar que es precisamente lo opuesto al charlar o el recitar en voz alta al que se refiere el Salmo 50:16: *"¿Qué derecho tienes tú de recitar mis leyes o de mencionar mi pacto con tus labios?"*.

[49] En hebreo יוֹמָם וָלַיְלָה *yōwmām wālāyəlāh*. Agustín de Hipona [353-429] dice al respecto que «Este *"de día y de noche"* pueden significar algo ininterrumpido: de día con gozo; de noche en medio de pesares. Algo que se desprende de las palabras del Señor con respecto a Abraham, que: *"se regocijó esperando ver mi día"* (Juan 8:56); y del propio salmista que al hablar de sus amarguras el salmista exclama: *"de noche me recriminan mis riñones"* (Salmo 16:7).

[50] Mateo 5:16.
[51] Mateo 6:1.
[52] Juan 3:20.

que pueden brillar en las tinieblas;[53] de día porque es conveniente obrar mientras el día dura;[54] de noche, para evitar que su Señor venga como ladrón en la noche y lo encuentre ocioso.[55]

SIR RICHARD BAKER [1568-1645]
"Meditations and disquisitions upon the first psalme of David", 1640

En su ley medita de día y de noche. No encuentro descanso en nada como no sea en compañía del *Libro de los Libros*.

THOMAS DE KEMPIS [1380-1471]

En su ley medita de día y de noche. El meditar es algo que distingue y caracteriza al hombre racional, en tanto que permite medir el calibre de su corazón, sea bueno o malo; como bien lo expresa el proverbio que dice: *"Porque cual es su pensamiento en su corazón, tal es él"*.[56] Según sea aquello en lo que el hombre medite, así será él.[57] La meditación es la piedra de toque del cristiano, pues muestra de qué metal está hecho. Es un marcador

---

[53] Lucas 1:79.
[54] Juan 9:4.
[55] 1ª Tesalonicenses 5:2; 2ª Pedro 3:10; Apocalipsis 16:15.
[56] Proverbios 23:7.
[57] ARNOBIO EL JOVEN [siglo V] escribe en su *"Commentarii in Psalmos"* que meditar *"de día y de noche"* en la ley de Dios modela la conducta y manera de proceder del justo. La vida que Adán destruyó, el creyente la encuentra de nuevo sumergiéndose en las corrientes de aguas vivas que corren al pie del Árbol de la vida eterna, cuya hoja no cae; guarda celosamente la voluntad divina que Adán desechó, medita en ella *"de día y de noche"* y esto le lleva a prosperar en *"todo lo que haga"*.

espiritual que revela, con una sola mirada, todo el contenido del libro del corazón humano.

THOMAS WATSON [1620-1686]
"*Saint's Spiritual Delight*", 1660

En su ley medita de día y de noche. Meditar es masticar el bolo alimenticio de la Palabra transfiriendo sus dulces y nutritivas virtudes morales y espirituales al corazón, y con ello a la vida de la persona. Este es el proceso de nutrición espiritual que posibilita a los justos para dar fruto abundante.[58]

BARTHOLOMEW ASHWOOD [1622-1680]
"*Heavenly Trade*", 1681

En su ley medita de día y de noche. Los naturalistas dicen que para sostener la vida en el cuerpo humano se necesita toda una serie de procesos y facultades, entre ellas:

Facultad de atraer, que hace que el alimento nos resulte apetitoso y lo traguemos.

Facultad de retener, que hace que una vez tragado lo mantengamos.

Facultad de asimilar, para urdir el proceso de nutrición.

Facultad de expandir, formando la masa llamada «quimo».[59]

---

[58] En este mismo sentido se expresa ORÍGENES [c.185-254] cuando afirma que la meditación que el justo hace de la Palabra no es una mera memorización de la misma, sino una meditación que lleva fruto, pues cristaliza en las buenas obras preparadas de antemano por Dios para que anduviésemos en ellas (Efesios 2:10) respecto a las cuales somos instruidos, conocemos y aprendemos a través de esa meditación en la Ley de Dios día y noche.

[59] Una masa semisólida de consistencia ácida que se forma por los movimientos de contracción de las paredes musculares del estómago y la acción proteolítica de la pepsina y del ácido clorhídrico.

La meditación posee todas estas facultades. Aporta el juicio, la sabiduría y la fe necesarios para ponderar, discernir y dar crédito a las cosas que escuchamos y leemos. Asiste a la memoria en el proceso de guardar en sus arcas los tesoros escogidos de la Palabra divina. Tiene el poder necesario para digerir las verdades de la Palabra y transformarlas en alimento espiritual; y finalmente, ayuda al corazón renovado a crecer y expandir su capacidad para entender las cosas que Dios nos da libremente.

NATHANIEL RANEW [1602-1672]
"Solitude improved by divine meditation, or, A treatise proving the duty and demonstrating the necessity, excellency, usefulness, natures, kinds and requisites of divine meditation", 1670

Vers. 3. Será como árbol plantado junto a corrientes de aguas, que da su fruto en su tiempo, y su hoja no cae; y todo lo que hace, prosperará. *[Será como árbol plantado junto a corrientes de aguas, que da su fruto en su tiempo, y su hoja no cae; y todo lo que hace, prosperará. RVR] [Es como el árbol plantado a la orilla de un río que, cuando llega su tiempo, da fruto y sus hojas jamás se marchitan. ¡Todo cuanto hace prospera! NVI] [Será como árbol firmemente plantado junto a corrientes de agua, que da su fruto a su tiempo, y su hoja no se marchita; en todo lo que hace, prospera. LBLA]*

Será como árbol plantado. No un árbol silvestre que crece al azar sino un árbol cuidadosamente "plantado", escogido, considerado como propiedad privada, cultivado

LA INTEGRIDAD

y protegido de ser desarraigado, porque *"toda planta que no ha plantado mi Padre celestial, será desarraigada"*.[60]

Junto a corrientes de aguas. No junto a *"una corriente"* sino a *"muchas corrientes"*, de modo que aun cuando una falle o se seque, siempre quede otra disponible. Los ríos del perdón y de la gracia, los ríos de la promesa y los ríos de la comunión con Cristo, son fuentes de provisión que no fallan nunca.[61] El justo será *"como árbol plantado junto a corrientes de aguas"*:

Que da su fruto a su tiempo. No a destiempo, como los higos fuera de temporada que carecen de sabor. El hombre que se deleita en la Palabra de Dios y recibe instrucción de ella, cuenta con la paciencia que precisa en la hora del sufrimiento, fe en la de la hora de prueba, y gozo santo en la hora de la prosperidad.[62] Dar fruto es una característica esencial del hombre que posee la gracia, y su fruto será siempre en sazón.[63]

Y su hoja no cae. Los árboles del Señor son de hoja perenne, siempre están verdes. No hay frío invernal capaz de acabar con su verdor; y no obstante, a diferencia que los árboles de hoja perenne en nuestro país [Inglaterra] que no dan fruto alguno, los del Señor dan fruto abundante. Su hoja no cae, esto es, aun sus palabras más tímidas permanecerán para siempre; y sus obras de amor más insignificantes serán recordadas eternamente. Pues no preserva

---

[60] Mateo 5:13.
[61] En este sentido TEODORETO DE CIRO [393-458] en su comentario a este salmo dice que las corrientes del Espíritu Santo nutren al creyente en la misma forma que los ríos riegan a los árboles físicos haciendo que florezcan y den fruto. Por esto es que Cristo llamó a sus enseñanzas *"agua de vida"* (Juan 4:14).
[62] Jeremías 17:8.
[63] Salmo 92:12-14.

solamente su fruto continuo sino que también sus hojas permanecen; de modo que nunca pierde su belleza. *Todo lo que hace, prosperará.* Bienaventurado el hombre que puede hacer suya esta promesa y apropiarse de ella. Pero no siempre debemos valorar el cumplimiento de una promesa dentro de los escasos límites de nuestra propia visión; pues a menudo, hermanos, cuando juzgamos las cosas a través de nuestros sentidos humanos, tan endebles como son, llegamos casi siempre a la lúgubre conclusión de Jacob cuando exclamó: *"Todas las cosas van en mi contra"*.[64] Pues a pesar de que somos conscientes de nuestra participación en la promesa y de saber que a los que a Dios aman todas las cosas los ayudan a bien,[65] a veces, nuestra visión humana ve las cosas completamente al revés de lo que la promesa anticipa. Pero a los ojos de la fe, las promesas de la Palabra de Dios son inmutables, y a través de ella percibimos cómo nuestras obras prosperan aun cuando todo lo que sucede a nuestro alrededor parezca indicar lo contrario y nos dé la sensación de que todos los vientos soplan en nuestra contra. Aunque tampoco debemos confundirnos en el concepto, pues no es prosperidad externa lo que aquí se nos promete, sino prosperidad interna; esa es la que el cristiano busca y anhela. A menudo, como hiciera Josafat, construimos naves en Tarsis para ir a Ofir en busca de oro, pero siempre se nos destrozan en Ezion-geber;[66] aunque a decir verdad, incluso en esto hay prosperidad puesto que la pobreza, las privaciones y la persecución garantizan la salud del alma. Con frecuencia nos sucede lo aparentemente peor, cuando en realidad es lo mejor que nos podía suceder. Así como hay una maldición

---

[64] Génesis 42:36.
[65] Romanos 8:28.
[66] 1ª Reyes 22:48.

implícita en la prosperidad del malvado, hay también una bendición escondida en las privaciones, cruces, pérdidas y aflicciones del justo. Las pruebas y tribulaciones del santo pertenecen al área de la administración divina, y es bajo su cuidado que crecen y dan fruto en abundancia.

C. H. Spurgeon

Será como árbol plantado Hay un tipo de árbol que crece en el valle del Jordán, el oleandro,[67] que cuando florece con sus brillantes pimpollos y sus hojas perennes color verde oscuro, da aspecto de jardín a cualquier rincón donde haya sido plantado.[68] Aunque no se menciona directamente en la Escritura, es posible que el salmista lo tuviera en mente cuando escribió esta frase referente al *"árbol plantado junto a corrientes de aguas, que da su fruto a su tiempo y su hoja no cae"*.

Arthur Penrhyn Stanley [1815-1881]
"Sinai and Palestine"

---

[67] El Oleandro *(Nerium Oleander.* Del latín *nerium,* asociado a Nereus dios del mar y padre de las Nereidas, y *"olea",* "olivo"; y *"dendron",* "árbol"*).* Su nombre más conocido en castellano es *adelfa.* Florece continuamente; puede crecer unos cuatro metros o bien, podándolo, mantenerlo a baja altura. Las hojas son delgadas y puntiagudas y de un verde pálido. Sus colores cuando florece van desde el blanco hasta el rojo, pasando por el verde pálido y el crema.

[68] Tanto Hilario de Potiers [316-367] como Jerónimo de Estridón [c.342-420] nos recuerdan en respectivas homilías que Salomón hace referencia a este árbol cuando en su exhortación sobre las virtudes de la sabiduría nos dice que: *"Ella es árbol de vida a los que de ella echan mano, y bienaventurados son los que la retienen"* (Proverbios 3:18) ¿Y cuál es la fuente de la verdadera sabiduría sino la el temor del Señor? ¿Y cómo somos instruidos en el temor del Señor sino meditando día y noche en su Ley? (Salmo 111:10; Proverbios 1:7;9:10).

Como árbol plantado junto a corrientes de aguas. La expresión *"corrientes de aguas"* es una alusión al método oriental de cultivo, que mediante surcos hace correr riachuelos de agua entre las hileras de árboles haciendo que reciban un riego artificial constante que los mantiene verdes.[69]

---

[69] La expresión hebrea es עַל־פַּלְגֵי מָיִם *'al-palḡê-mayim*, "repartimientos de las aguas". El vocablo hebreo פֶּלֶג *peleg* procede del verbo פָּלַג *palag*, "dividir", verbo que se utiliza únicamente en Génesis 10:25; 1ª Crónicas. 1:9; Job 38:25 y Salmo 55:9. Al patriarca Peleg se le dio este nombre «porque en sus días fue repartida la tierra». La expresión *palḡê- mayim* es un término técnico que se utilizaba para designar los surcos que dividían los huertos orientales en pequeños cuadrados de unos cuatro metros cada uno, al objeto de facilitar así el riego. De aquí que se usara para designar también los pequeños canales mediante los cuales se regaba un huerto o jardín. En el caso del Salmo 1:3, se nos dice que el varón que medita en la Ley de Dios es como un árbol plantado junto a los *peleg mayim*, donde hallará riego constante y diligente por parte del hortelano. Estos pequeños canales, o surcos de riego, se llenaban del agua procedente del pozo, aljibe o fuente que todo huerto o jardín debía tener. El hortelano o jardinero distribuía el agua en los surcos; primero, en uno; después, en otro; y lo hacía mediante un sencillo movimiento del pie. No usaba ningún otro utensilio, ni siquiera se agachaba para repartir el agua con la mano. Con un simple movimiento del pie, obstruía o abría el paso de un surco o de otro, haciendo que el agua fluyese por uno de los surcos, mientras que con el mismo pie tapaba la entrada del otro. Esto queda muy claro en Deuteronomio 11:10, donde dice: «*La tierra a la cual entras para tomarla, no es como la tierra de Egipto, de donde habéis salido, donde sembrabas tu semilla, y regabas con tu pie, como huerto de hortaliza*» La misma expresión se utiliza en Proverbios 21:1: «*Como los repartimientos de las aguas, así está el corazón del rey en la mano de Jehová; a todo lo que quiere lo inclina*» donde la elipsis *palḡê-mayim* encierra una hermosa lección: justamente igual que el hortelano, con un simple movimiento del pie,

Que da su fruto a su tiempo. En semejantes condiciones: *"plantado junto a corrientes de aguas"* las expectativas de fruto son lógicas y más que fiables. Se espera que dé fruto, da fruto, y lo da a su tiempo, en el momento apropiado. Una formación espiritual adecuada, sometida al riego constante de las corrientes fertilizantes del Espíritu Santo que nunca se detienen cuando lo buscamos con sinceridad y da, con toda seguridad, frutos de justicia. El creyente que lee, que ora y que medita, es consciente en todo momento del trabajo que Dios desea que lleve a cabo; del poder a través del cual puede y debe realizarlo; y de los lugares y oportunidades que se le presentan en el proceso de realización; al objeto de que Dios sea siempre glorificado en ello, su propia alma bendecida, y su prójimo edificado.[70]

ADAM CLARKE [1760-1832]
"Commentary on the Whole Bible", 1831

---

cambia el riego de un surco a otro, así también Dios cambia con la misma facilidad el corazón de los gobernantes de este mundo, inclinándolos a todo lo que Él quiere. Meditemos por un momento en lo que esto significa. ¡Qué consuelo para los hijos de Dios! ¿Qué nos cuenta la historia de Ester? «*Aquella misma noche se le fue el sueño al rey*» (Ester 6:1) ¡Una noche de insomnio! Aquella noche, el corazón del rey Asuero fue inclinado por Dios para dejar sin efecto la ley de los medos y los persas, y para libertar a Israel. ¡Qué sencillo! ¡No pongamos jamás, con nuestra incredulidad, límites a la omnipotencia de nuestro Dios! Sabemos lo difícil que resulta, a veces, convencer a un amigo o a un vecino de las verdades más sencillas. Pero recordemos que para Dios no hay imposibles, y aun el corazón de un déspota oriental es cambiado por Él con la misma facilidad que un jardinero cuando, con un sencillo movimiento del pie, cambiaba el curso del agua en los *palḡê-mayim*.

[70] CESÁREO DE ARLÉS [470-542] interpreta en uno de sus sermones que al *"árbol"* a que hace referencia el salmista es el Árbol de la Cruz, que hace al creyente bienaventurado; y el *"fruto a su tiempo"* es la resurrección que, como fruto de la Cruz, viene a su tiempo.

Que da su fruto a su tiempo. El Señor, que sabe que hay tiempo para todo, analiza las distintas oportunidades que se nos presentan en cada circunstancia, ve cómo las aprovechamos y lo anota en nuestra cuenta: no debemos dudar pues, ni por un instante, en sacar el mejor partido posible de cada una de ellas: como los paralíticos en el estanque de Betesda,[71] permanezcamos alerta, siempre atentos y dispuestos a saltar cuando el ángel remueve las aguas. Cuando la Iglesia está afligida, es tiempo de oración y de aprender; cuando la Iglesia crece, es tiempo de alabanza; en la hora del sermón, escuchemos lo que Dios tiene que decirnos; si estamos en compañía de hombres sabios y eruditos, extraigamos de ellos conocimientos y consejo; si somos tentados, es tiempo de apoyarnos en el nombre del Señor; y si tenemos el privilegio de ocupar algún lugar prominente y tenemos autoridad, consideremos en todo momento lo que Dios espera de nosotros en tales circunstancias. De ese modo como el árbol de la vida que da fruto cada mes,[72] sepa cada cristiano, cual hombre prudente, alternar sus tareas y moverse acertadamente en toda circunstancia, para dar también, fruto a su tiempo.

JOHN SPENCER [1559-1614]
"Things Old and New", 1658

Que da su fruto a su tiempo. ¡Oh, qué palabra tan bella, admirable y fecunda es aquella por la cual se constituye y establece el escenario de libertad en justicia donde se mueve el cristiano! Los impíos tienen sus normas, sus tiempos, sus días marcados, sus ocasiones y lugares determinados donde llevar a cabo sus buenas obras; y se apegan

---

[71] Juan 5:1-18.
[72] Apocalipsis 22:12.

a ellos estrictamente hasta el punto de que, ni aun cuando su vecino muriera de hambre, abandonarían por tal razón sus calendarios y costumbres. Pero el hombre bienaventurado, sintiéndose libre de todas estas ataduras (fechas establecidas, lugares apropiados y personas seleccionadas) obra con plena libertad y acude en todo momento y en todo lugar allí donde pueda ser útil, dispuesto a servir y ayudar dondequiera que haya una necesidad; y todo lo que se le presenta para hacer, sea lo que sea, lo hace. Porque no hace acepción de personas, no se considera ni judío ni gentil, ni griego, ni bárbaro, ni escita.[73] Simplemente, se limita a dar su fruto a su tiempo, en todo momento y en cualquier lugar donde Dios u hombre requieran su trabajo y esfuerzo. Por tanto, sus frutos no tienen nombre y sus acciones carecen de calendario.

MARTÍN LUTERO [1536-1546]

Y su hoja no cae. Fijaos que el salmista sitúa, habla y escribe antes del fruto que de la hoja. El propio Espíritu Santo enseña a todo predicador fiel que *"el Reino de Dios no consiste en palabras sino en poder".*[74] Este es un concepto que se nos reitera en la Escritura una y otra vez: *"Jesús comenzó a* [primero] *hacer y* [después] *a enseñar";*[75] y era considerado *"Un profeta poderoso en obras y en palabras".*[76] De ello se desprende que todo aquel que ejerce el *Ministerio de la Palabra* y predica la doctrina, debe priorizar y anteponer los frutos de su propia vida y conducta a su predicación si no quiere que su ministerio se marchite; porque Cristo maldijo la higuera que no daba

---

[73] Gálatas 3:28; Colosenses 3:11.
[74] 1ª Corintios 4:20.
[75] Hechos 1:1.
[76] Lucas 24:19.

fruto.[77] Pues como bien lo expresó San Gregorio: «El que tal hace *es menospreciado y condenado en base a su propia predicación, porque predica lo que otros deben hacer cuando él mismo es reprobado*».

MARTÍN LUTERO [1536-1546]

Todo lo que hace, prosperará. Todo lo que hace (o construye, o fabrica, o toma en su mano) prosperará. Y aquí es importante que prestéis mucha atención y entendáis correctamente que este *"prosperar"* no se refiere a prosperidad material humana. El salmista está hablando de una prosperidad oculta, que proviene de la fe y habita en las profundidades más secretas del espíritu; y por tanto, quien entienda que la posee, debe cuestionar cualquier otra y considerarla como la mayor adversidad. Pues el diablo odia profundamente y en toda su amargura esa *"hoja que no cae"*, tanto como odia la Palabra de Dios; y odia con la misma intensidad a los que la predican y a los que la escuchan; y los persigue, auxiliado en su labor por los poderes de este mundo. Por tanto, el hecho de que el hombre bienaventurado prospere, debe considerarse siempre como un milagro, el mayor de los milagros.

MARTÍN LUTERO [1536-1546]

Todo lo que hace, prosperará. Algunas traducciones críticas de este salmo, apoyadas por diversos manuscritos y algunas versiones antiguas, sostienen que una traducción dinámica más correcta de ese: *"Todo lo que hace prosperará"*, podría ser *"Y todo lo que produce alcanzará*

---
[77] Mateo 21:18-19.

su madurez".[78] Una opinión que no deja de tener su razón y sentido, pues semejante traducción enlaza y completa mucho mejor la figura del árbol y su fruto, argumento sobre el que pivota todo el texto.

C. H. SPURGEON

Todo lo que hace, prosperará. Si surge como consecuencia del andar con Dios, la prosperidad humana es muy dulce; es como el cero, que cuando va colocado detrás de un dígito, multiplica el valor de ese número, aunque el propio cero en sí mismo carezca de valor y no sea nada.

JOHN TRAPP [1601-1669]
"A commentary or exposition upon the books of Ezra,
Nehemiah, Esther, Job and Psalms", 1657

Vers. 4. *No así los malos, que son como el tamo que arrebata el viento.* *[No así los malos, que son como el tamo que arrebata el viento.* RVR*] [En cambio, los malvados son como paja arrastrada por el viento.* NVI*] [No así los impíos, que son como paja que se lleva el viento.* LBLA*]*

No así los malos. Llegamos aquí al encabezado de la segunda parte del salmo. En este versículo se utiliza la situación lamentable de los malos a modo de contraste para realzar el colorido de la descripción que se hace de los buenos en el versículo precedente. Tanto la *Septuaginta*[79]

---

[78] SCHÖKEL opta aquí por una traducción distinta: *"Cuanto emprende, tiene buen fin"*.

[79] Se refiere a la BIBLIA DE LOS SETENTA (LXX), también conocida como Septuaginta, o Versión Alejandrina. El nombre de Septuaginta se debe a que solía redondearse a 70 el número total de

SALMO 1

como la *Vulgata*[80] refuerzan en su traducción el sentido añadiendo un doble negativo, una repetición enfática de inversión: *"No así los malos, no"*. Estamos pues aquí ante un hebraísmo típico de énfasis mediante la técnica de doble negación, con el propósito dar a entender que cuanto se ha dicho anteriormente, cualquier cosa buena y agradable en relación a los justos, en el caso de los malos es absolutamente contraria, falsa e inversamente proporcional. ¡Oh, qué terrible resulta imaginar siquiera que nosotros pudiéramos ser merecedores de ese doble negativo de inversión en lo que respecta a estas promesas! Sin embargo, esta es precisamente la condición en la que se encuentran los malos. Y es importante remarcar aquí el uso termino *"malos"*, pues como hemos visto al comentar el primer

---

sus 72 traductores, según cuenta la tradición. Es la principal versión en idioma griego por su antigüedad y autoridad. Su redacción se inició en el siglo III a.C. (c. 250 a.C.) y se concluyó a finales del siglo II a.C. (c. 150 a.C). Se cree que fue hecha para los judíos que hablaban griego, pues en esa época eran bastante numerosos en Alejandría, aunque la orden provino del rey Ptolomeo II Philadelfo [284-246 a.C.], monarca griego de Egipto, con destino a la biblioteca de Alejandría. El Pentateuco fue traducido en esa época y el trabajo duró dos o tres siglos. Una escuela de traductores se ocupó de los Salmos, en Alejandría, hacia 185 a.C; después tradujeron Ezequiel, los doce profetas menores y Jeremías. Trataron posteriormente los libros históricos (Josué, Jueces, Reyes), y finalmente Isaías, hacia 185 a.C.

[80] Traducción de la Biblia al latín vulgar realizada a principios del siglo quinto por JERÓNIMO DE ESTRIDÓN [c.342-420] por encargo del papa Dámaso I en 382. La versión toma su nombre de la frase *vulgata editio* (edición para el pueblo) y se escribió en un latín corriente. San Jerónimo tradujo por primera vez directamente del hebreo al latín todo el Antiguo Testamento. En cuanto al libro de los Salmos, revisó la *Vetus latina* ajustándola a la *Septuaginta* en lo que se conoce como *Psalterium Romanun*.

versículo, esos *"malos"* a los que se refiere el salmista no son más que principiantes en el camino del pecado, digamos que son meros aprendices de pecadores, el tipo menos ofensivo, tan sólo un poco negligentes en lo que respecta a las cosas de Dios; pero que mantienen intacta su moralidad. Y si a esos tal es la condena y tal la triste situación que el salmista les anticipa, ¡cuánto más terrible no será la que les corresponde a los que ocupan los siguientes peldaños en la escala de degradación moral y espiritual: a los rematadamente pecadores y los escarnecedores, a infieles y reprobados!

Que son como el tamo que arrebata el viento. La primera parte de la frase describe negativamente el carácter de los malos: *"Son como tamo"*,[81] algo insignificante, muerto, que carece de sustancia, sin ninguna utilidad, que no sirve para nada; en la segunda el salmista presenta una imagen de su destino: *"que arrebata el viento"*, la muerte les alcanzará repentinamente como un soplo y serán consumidos en el fuego que nunca se apaga.[82]

C. H. S<small>PURGEON</small>

Son como paja arrastrada por el viento [NVI]. Este versículo nos enseña, de paso, que incluso los malos tienen, aún sin saberlo, algo por lo que dar gracias; deberían agradecer a los piadosos los días buenos que viven en este mundo, puesto que es gracias a ellos y no por sus propios méritos que gozan de lo que gozan. Pues así como la paja en tanto permanece unida al trigo goza de los mismos

---

[81] Polvo o paja muy menuda de varias semillas trilladas, como el trigo, el lino, etc.
[82] Job 21:18; Salmo 35:5; Isaías 17:13; 29:5; Jeremías 13;14; Daniel 2:35; Oseas 13:3; Sofonías 2:2.

privilegios que se conceden al trigo y es puesta cuidadosamente junto al trigo en el granero, pero tan pronto como es separada del trigo y puesta aparte es desechada y esparcida por el viento; así los malos, en tanto que se hallan en compañía de los buenos y en medio de ellos, participan de algunas de las bendiciones prometidas a los buenos; pero si los buenos los abandonan o se apartan de ellos, entonces cae sobre ellos como un diluvio de fuego, como ocurrió a Sodoma cuando Lot la abandonó y se fue de la ciudad.[83]

SIR RICHARD BAKER [1568-1645]
"Meditations and disquisitions upon the first psalme of David", 1640

Que arrebata el viento. Que el viento sacude o lanza por el aire. La Versión caldea en lugar de "viento" traduce *"torbellino"*.

HENRY AINSWORTH [1571-1622]
"Psalms, The Book of Psalmes: Englished both in Prose and Metre with Annotations", 1612

Vers. 5. *Por tanto, no se levantarán los malos en el juicio, ni los pecadores en la congregación de los justos.* *[Por tanto, no se erguirán los malos en el juicio, ni los pecadores en la congregación de los justos.* RVR] *[Por eso no se sostendrán los malvados en el juicio, ni los pecadores en la asamblea de los justos.* NVI] *[Por tanto, no se sostendrán los impíos en el juicio, ni los pecadores en la congregación de los justos.* LBLA]

---

[83] Génesis 19:14-17.

Por tanto, no se levantarán los malos en el juicio. En realidad, sí se levantarán, pero para ser juzgados y no serán absueltos; por ello no se erguirán,[84] porque serán sentenciados.[85] El miedo hará presa de ellos y no levantarán cabeza; huirán, incapaces de decir nada en su propia defensa; porque se ruborizarán y serán objeto de desprecio eterno. Bien pueden los justos suspirar por el cielo, porque ningún malvado morará allí, ni habrá pecadores en la congregación de los justos. Toda iglesia tiene un demonio metido dentro de ella. La cizaña crece en los mismos surcos que el trigo. No hay una sola era que haya sido limpiada completamente de tamo. Los pecadores se mezclan con los santos, y la escoria con el oro. Los preciosos diamantes de Dios se hallan todavía en el mismo terreno que los guijarros. La porción de los justos produce reacciones de enfado en los hombres de Sodoma. Regocijémonos,

---

[84] Más que *"no se levantarán"*, la idea parece ser *"no se mantendrán en pie"*, o también que no se *"erguirán"* adoptando la postura propia de inocentes, de personas que no tienen nada que esconder. SCHÖKEL sugiere también que «podría significar que los malvados no atacaran a los honrados, acusándolos o con falso testimonio en un juicio, ni tendrán voz en la asamblea».

[85] JERÓNIMO DE ESTRIDÓN o EUSEBIO HIERÓNIMO DE ESTRIDÓN [c.342-420] en su *"Homilía sobre el Salmo I"*, expresa una opinión similar, que los malos no se levantarán para ser juzgados porque ya han sido juzgados y condenados: *"el que no cree, ya ha sido condenado, porque no ha creído en el nombre del unigénito Hijo de Dios"* (Juan 3:18). Lo cual no quiere decir que los pecadores no resucitarán para ser condenados, sino tan sólo que no formarán parte de la congregación de los justos, porque no merecen estar la misma asamblea donde estén aquellos que no han sido condenados porque han creído. CIRILO DE JERUSALÉN [315-386] en su obra principal *"Catequesis"*, aclara el concepto diciendo que resucitarán pero no para ser juzgados sino para ser sentenciados.

SALMO 1

pues, en que allá arriba, en *"la congregación general de los nacidos de nuevo"*, no se admitirá a ningún alma que no haya sido previamente renovada. Los pecadores no pueden vivir en el cielo. Estarían fuera de lugar, fuera de su elemento. Sería más fácil para un pez vivir fuera del agua encaramado en un árbol que para un malvado vivir en el Paraíso. Aun cuando consiguiera entrar, el cielo se convertiría para él en un infierno; pero no hace falta preocuparse, porque jamás se concederá tal privilegio al hombre que ha elegido perseverar en sus iniquidades. ¡Quiera Dios concedernos a nosotros un nombre y un lugar en sus atrios allá arriba!

C. H. Spurgeon

Por tanto, no se levantarán los malos en el juicio. ¿Por qué los malos nunca llegarán a formar parte de la congregación de los justos? Porque ambos van por caminos distintos; los justos siguen un camino que Dios conoce; los malos un camino que Dios destruye; y puesto que ambos caminos nunca pueden llegar a cruzarse, ¿cabe pensar que lleguen finalmente a un mismo destino? Para dejarnos la certeza de que esto es así, que los justos y los malos nunca se juntarán en un mismo lugar, el salmista relaciona el camino de los justos con el primer eslabón en la cadena de la bondad divina: su conocimiento: *"Jehová conoce el camino de los justos"* (1:6); y relega el camino de los malos al último eslabón de la justicia divina: que es su destrucción; pues a pesar de que la justicia y la misericordia de Dios se entrecruzan con frecuencia y son contiguas la una a la otra, en sus extremos, el primer eslabón de su misericordia y el último eslabón de su justicia, nunca se encuentran. Dios no ordena la destrucción de los malos

LA INTEGRIDAD

hasta que no se ve obligado a exclamar *"nescio vos"* (latín, *"no os conozco"*).[86] Y cuando Dios exclama *"nescio vos"* decreta con ello que están fuera su conocimiento, que no hay posibilidad alguna de que puedan llegar a juntarse con los bienaventurados.

SIR RICHARD BAKER [1568-1645]
"Meditations and disquisitions upon the first psalme of David", 1640

Por tanto, no se levantarán los malos en el juicio, ni los pecadores en la congregación de los justos. Hay más posibilidades de encontrar una serpiente en Irlanda que un pecador en el cielo.[87]

JOHN TRAPP [1601-1669]
"A commentary or exposition upon the books of Ezra, Nehemiah, Esther, Job and Psalms", 1657

Vers. 6. Porque Jehová conoce el camino de los justos; mas la senda de los malos perecerá. *[Porque Jehová conoce el camino de los justos; mas la senda de los malos*

---

[86] Mateo 25:12.

[87] No hay serpientes en Irlanda. La leyenda cuenta que San Patricio condujo a todas las serpientes fuera de Irlanda haciéndolas entrar en el mar, donde se ahogaron. Lo cual, si tenemos en cuenta que la serpiente era un símbolo venerado del paganismo, alude, en forma figurada, al hecho que San Patricio erradicó el paganismo de Irlanda. La expresión que usa John Trapp es un aforismo que hace referencia a la imposibilidad de algo, al afirmar que *"es más difícil encontrar un pecador en el cielo que una serpiente en Irlanda"*, cosa considerada por sus contemporáneos como poco menos que imposible. Todos los idiomas tienen frases similares que se utilizan en lenguaje coloquial para remarcar y enfatizar la imposibilidad de algo; en español diríamos *"Cuando las ranas críen pelo"*, *"Cuando el infierno se enfríe"*, *"Cuando los sapos bailen flamenco"*, etc.

conduce a la perdición. RVR] *[Porque el Señor cuida el camino de los justos, mas la senda de los malos lleva a la perdición.* NVI] *[Porque el Señor conoce el camino de los justos, mas el camino de los impíos perecerá.* LBLA]

Porque Jehová conoce el camino de los justos. O como dice el hebreo de modo todavía más enfático: *"El Señor es conocedor del camino de los justos."*[88] Permanece atento observando constantemente su camino, y aunque este pueda cruzar por mitad de la niebla y la oscuridad, aún en tales circunstancias el Señor lo conoce y está al corriente de todo lo que en él sucede.[89] Tiene contados los cabellos de nuestra cabeza, y no permitirá que nada malo nos acontezca. No en vano exclama el justo Job: *"Él sabe el*

---

[88] כִּי־יוֹדֵעַ יְהוָה דֶּרֶךְ צַדִּיקִים *kî-yōdēa' Yahweh derek ṣaddîqim.* SCHÖKEL traduce: *"El Señor se ocupa del camino de los justos".*

[89] AGUSTÍN DE HIPONA [353-429] en *Narraciones sobre los Salmos,* dice en su exposición del salmo primero: «De igual manera que decimos que la medicina conoce la salud pero ignora la enfermedades, y no obstante es la medicina la que diagnostica las enfermedades, cabe afirmar también que el Señor conoce el camino de los justos, pero no conoce el camino de los impíos. Aunque en realidad Dios no desconoce nada, sólo que a los pecadores les dice: *"No os conozco"* (Mateo 25:12; Lucas 13:27). *Más la senda de los malos conduce a perdición.* Lo que nos quiere decir el salmista con esto es que el Señor pasa por alto el camino de los impíos, lo da por desconocido. La idea aquí es que el éxito de los justos depende del Señor, mientras que los impíos se buscan su propia perdición. Ser desconocido o ignorado de Dios equivale a perdición, y ser conocido por él equivale a florecer y a permanecer. De modo que la existencia (o el ser), está vinculada a ser conocida de Dios; mientras que la destrucción (o el no ser), está vinculada a ser ignorada por él. Pues es el Señor mismo quien dice: *"YO SOY el que soy",* y añade: *"YO SOY me ha enviado a vosotros"».*

camino que tomo; cuando me haya probado, saldré como el oro".[90]

Mas la senda de los malos conduce a la perdición. No sólo van a perecer ellos, sino también su camino. El justo esculpe su nombre con cincel en la roca, el malo escribe su recuerdo en la arena. Los justos aran surcos en la tierra y siembran aquí una cosecha que no estará lista para ser recogida hasta que entren en los goces de la eternidad; los malos aran sobre el mar, y aunque pueda parecer que detrás de su quilla dejan un rastro brillante, muy pronto será barrido por las olas y el lugar por donde han pasado se olvidará de ellos para siempre. Pues incluso el *"camino"* mismo de los impíos perecerá. Si algún recuerdo queda de él será en un recuerdo malo, porque el Señor hará que el nombre de los impíos se pudra para convertirse en hedor en la nariz de los buenos, y para que su camino sea conocido únicamente por ellos mismos a causa de su propia putrefacción. ¡Quiera el Señor limpiar nuestros corazones y nuestros caminos, para que podamos escapar de la condenación de los impíos, y disfrutar de la bienaventuranza de los justos!

C. H. Spurgeon

Mas la senda de los malos conduce a la perdición. No sólo van a perecer ellos, sino que perecerá también su camino. El justo cincela su nombre en la roca, pero el malo escribe su recuerdo sobre la arena.

C. H. Spurgeon

---

[90] Job 23:10.

El camino de los justos. Es decir, de aquellos que viven una vida recta y a los que les ha sido imputada la justicia de Cristo.
                THOMAS WILCOCKS [1549-1608]
"*A Right Godly and Learned Exposition upon the whole Booke of Psalmes*", 1586

Porque Jehová conoce el camino de los justos; mas la senda de los malos perecerá. Mirad cómo David nos atemoriza para que abandonemos toda apariencia de prosperidad; y elogia en cambio las pruebas y adversidades en las que podamos vernos sometidos, con el fin de que sigamos el camino de los justos. Porque este "*camino*" de los justos es un camino oculto, que pasa desapercibido a la mayoría de los seres humanos, convencidos de que no existe y de que Dios no conoce ni sabe nada de él. Pero así es la sabiduría de la Cruz.[91] De modo que únicamente Dios conoce el camino de los justos; a veces, tan escondido que pasa desapercibido incluso a los propios justos. Porque la diestra divina los conduce y dirige de forma maravillosa, mostrándoles lo que hay delante en el camino; no a través de sus sentidos físicos, no mediante la razón humana, sino exclusivamente por medio de la fe, que es capaz de ver en las tinieblas y contemplar las cosas que son invisibles.
                MARTÍN LUTERO [1536-1546]

---

[91] 1ª Corintios 1:18-21.

COLECCIÓN LOS SALMOS

Salmo 1
La Integridad. Salmo Prefacio

Salmo 8
El Nombre. Salmo del astrónomo

Salmo 19
La Creación. Salmo de la creación

Salmo 23
El Pastor. Salmo del pastor

Salmo 27
La Confianza. Confianza triunfante y suplicante

Salmo 32
El Perdón. Salmo Paulino

Salmo 37
La Impaciencia. Antídoto contra la impaciencia

Salmo 51
El arrepentimiento. Salmo del penitente

Salmo 84
La Alabanza. La perla de los Salmos

Salmo 90
El Tiempo. De generación en generación

Salmo 91
La Protección. El abrigo del altísimo

Salmo 100 y 117
La Gratitud. Con una sola voz toda la Tierra y el Salmo más corto

Salmo 121
El Guardián. El guardián de Israel

Made in the USA
Monee, IL
03 May 2026

49438695R00036